Daniel Eberhardt Beischlag

Beiträge zur Kunstgeschichte der Reichsstadt Nördlingen

Zweites Stück: Von der Formschneiderei und Buchdruckerkunst

Daniel Eberhardt Beischlag

Beiträge zur Kunstgeschichte der Reichsstadt Nördlingen
Zweites Stück: Von der Formschneiderei und Buchdruckerkunst

ISBN/EAN: 9783743679122

Hergestellt in Europa, USA, Kanada, Australien, Japan

Cover: Foto ©ninafisch / pixelio.de

Weitere Bücher finden Sie auf **www.hansebooks.com**

Beyträge

zur

Kunstgeschichte

der

Reichsstadt Nördlingen,

von

Daniel Eberhardt Beyschlag,

Rektor in Nördlingen.

Zweytes Stück.

Von der Formschneiderey und Buchdruckerkunst.

Nördlingen,

bey Karl Gottlob Beck, 1799.

Beyträge

zur

Kunstgeschichte

der

Reichsstadt Nördlingen.

Dies diem docet.

Von der Formschneiderey und Buchdruckerkunst.

Fortsetzung.

Ehe ich in der Geschichte der Formschneiderey weiter fortfahre, habe ich von Friederich Walthern und seinem Gehülfen an der Armen Bibel von 1470, Hans Hürning genannt, noch einiges nachzuho-

len, worüber ich indeſſen weitere Aufklä-
rung erhalten. Hürning nemlich iſt nicht
1460, ſondern nach dem mir unter der
Zeit erſt bekannt gewordenen Bürgerbuch
1461 Bürger geworden. Denn hier findet
man unter dem beſagten Jahre „Der Hornung ſchreiner fer. ſecund. p. conv. pauli.‟
Daß er von Mutenau geweſen, wird durch
die Hoſpitaliſchen Saalbücher beſtättigt,
nach denen ſein Vater Hans Hornung 1428
daſelbſt zwey Lehen beſeſſen. Vor ihm
beſaß eben daſelbſt Chunz Hornung, deſſen
Weib noch 1409 lebte, ein Lehen, und
vor dieſem hatte Seiß Hörnung bereits
1366 ein Lehen allda. Uebrigens hieß
Mutenau ehemahls Speckbrot, woher
der jetzige Nahme Speckbroty entſtanden.
Denn ſo findet man in dem Hoſpitaliſchen
Saalbuch von 1428. „Das Weiler Mut-
nau hat vor Zeiten Speckbrot geheißen, und
liegt bey Holzkirch.‟ Da Hürnings Vorfahren bald Hornung, bald Hörnung ge-
ſchrie-

schrieben werden: so konnte daraus mit der
Zeit wohl Hürning werden. Uebrigens
gehört ihm von den am Schluſſe der Armen
Bibel vorkommenden Wappen nicht das erſte an, wie ich unterdeſſen von Bern aus
ſelbſt, dann durch Nro. 270 der allgem.
Litteraturzeitung von dieſem Jahre, und
durch Herrn Hofrath Eſchenburg eines
beſſern belehrt geworden, ſondern das zweyte
mit dem Schnitzmeſſergen, die für einen
Schreiner, der zugleich den Formſchneider
machte, das ſprechendſte Wappen ſind.
Durch vor mir liegende Abdrücke des noch
heut zu Tage bey Walthers Nachkommen
in Bern gewöhnlichen Siegels belehrt, er-
ſehe ich für gewiß, daß der Eichhorn, den
ich, durch eine gemuthmaßte Anſpielung auf
den Nahmen verführt, vorhin Hürning
beylegte, unſerm Walthern angehört. Denn
Walthers Nachkommen in Bern führen noch
jetzt einen an einem Baumſtamme hinauf-
kletternden Eichhorn im goldenen Felde.

A 3   Auch

Auch dieses Wappen halte ich für sprechend, da Walther sich nach der Unterschrift der Armen Bibel eigentlich Walthern nannte, welches Wort mit Eichhorn ehemals synonym gewesen zu seyn scheint. Denn wenn die Endsylbe Horn im Eichhorn nicht ohne Bedeutung seyn soll, so kann sie am füglichsten von horen, jetzt horchen abgeleitet, und der Eichhorn als ein Horen oder Horcher auf der Eiche erklärt werden, wornach in einer veränderten Zusammensetzung und Aussprache Walthern mit Eichhorn einerley, und letzterer für unseren Friederich Walthern das sprechendste Wappen wäre. Doch dem sey wie ihm wolle, genug, der Eichhorn gehört ganz gewiß unserm Walthern zu, der nach seiner Annahme zu einem Bürger in Bern, so wohl dorten als in Freyburg die noch vorhandenen Glasmahlereyen in den Hauptkirchen verfertigt. Von seinen Kindern ist bis jetzt keines bekannt, als sein Sohn Mathias, der im

Jahr

Jahr 1503 in Bern lebte, und der Stamm=
vater der noch jetzt daselbst florirenden Wal=
therischen Familie ist. Von dieser Familie
setzte sich vor ungefähr hundert Jahren einer
in Berlin, von dem vermuthlich noch Ab=
kömmlinge daselbst sind.

Daß die von Walther und Hürning
1470 hier verfertigte Armen Bibel keine
Kopie einer frühern, sondern eine nach den
ältern lateinischen Exemplaren ohne Zweifel
in Nördlingen selbst gemachte Uebersetzung
sey, davon bin ich beynahe völlig überzeugt.
Durch die zuvorkommende Güte des Herrn
Senior Geuders aus Augsburg, der
als ein gebohrner Nördlinger an allem,
was seine Vaterstadt angeht, den wärmsten
Antheil nimmt, erhielt ich die von dem see=
ligen Herrn Pfarrer Steiner, im fünften
Stücke des litterarisch = bibliographischen
Magazins des Herrn Hofrath Meusels von
Seite 1 - 38, beschriebenen seltenen Inkuna=

beln

beln zur Einſicht, von denen die eine nem⸗
lich das biblische Geſchichtsbuch nach der
Schlußschrift 1462 durch Albrecht Pfiſter
zu Bamberg gedruckt worden, die beyden
anderen aber durch Papier und Lettern den
nemlichen Drucker verrathen, der ſie entwe⸗
der in dem nemlichen Jahr, oder in dem
vorhergehenden, wo er auch Boners Fa⸗
belſammlung gedruckt, aufgelegt hat. Die
eine dieſer Inkunabeln, welche in dem alle
drey Stücke vereinigenden Band vorauſteht,
iſt eine Allegorie auf den Tod; die andere
hinten angebundene aber iſt die Armen Bi⸗
bel, die bereits Herr von Heinecken in ſeinen
Nachrichten Th. II. Seite 150 ff. und in
ſeiner Idée generale d'une collection
d'Eſtampes Seite 327 ff. als in der Wol⸗
fenbüttelschen Bibliothek befindlich beſchrie⸗
ben, wobey er aber ſich einige Fehler zu
Schulden kommen laſſen, die im 7. und 8.
Stück des angeführten Meuſelſchen Maga⸗
zins mit Recht gerügt werden. Auch das
Wol⸗

Wolfenbüttler Exemplar hatte ehemals 18
Blätter, wie das von Steiner beschriebene,
nur sind drey bedruckte und das letzte un,
bedruckte davon verlohren gegangen, daher
es gegenwärtig nur 14 Blätter oder 28
Vorstellungen hat, die in allem mit den
von Steiner beschriebenen übereinkommen.
Von der in Nördlingen herausgekommenen
unterscheidet sich diese Armen Bibel schon
dadurch, daß sie mit Lettern und zwar mit
Missaltypen gedruckt und durchaus anders
eingerichtet ist, und statt der vierzig Vor,
stellungen, die sich in der Nördlingischen
befinden, deren nur 34 hat; indem hier
die 19, 20, 37, 38, 39 und 40ste Vor,
stellung der Nördlinger Bibel ausgelassen
worden. Auserdem ist auch von der 12. bis
18. die Ordnung der Vorstellungen etwas
verschieden. Schließlich ist auch der unter
den ebenfalls anders gereihten Bildern an,
gebrachte Text nicht in zwey Kolumnen,
sondern durchaus in fortlaufenden Zeilen

ab,

abgedruckt. Nur oben neben der Hauptvorstellung steht er, wie es nicht anders
seyn konnte, in Kolumnen, die sich um das
Quadrat der Hauptvorstellung oben ynd an
der Seite anschließen. Uebrigens besteht
das von Herrn Steiner beschriebene Exemplar aus zwey Lagen, deren erstere fünf,
die andere aber vier Bogen hat, von denen,
wie gemeldet, das letzte Blatt unbedruckt
ist, aber ein unbekanntes Wappen enthält.
Eine genaue Vergleichung dieser Bamber-
gischen Armen Bibel mit der Nördlingischen
hat mich belehrt, daß jeder Herausgeber
seine eigene Uebersetzung vor sich hatte; zum
Beweiß dient gleich der Anfang. Dieser
heißt in der Nördlinger Ausgabe: Nym
war ain Junckfraw wirt enpfachen vñ
wirt geberen ain kind. In der Bam-
berger Ausgabe aber ließt man: Psaias.
Sich ein iungfrau wirt enpfahē vñ
wirt gepern ain sun. Solche Abwei-
chungen beyder Texte bemerkt man durchaus,

nur

nur mit dem Unterſchied, daß die Bamber=
ger reiner und beſſer iſt als die Nördlinger.
Doch nun genug von der Armen Bibel und
ihren beyden Verfertigern.

Nach Walthern und Hürning findet
man weiter keine Spur, daß ſich irgend ein
hieſiger Einwohner auf die von ihnen be=
triebene Art der Formſchneiderey gelegt habe,
ob gleich neben und nach ihnen bis in die
Mitte des gegenwärtigen Jahrhunderts meh=
rere Briefmahler, Kartenmahler und Kar=
tenmacher in den öffentlichen Akten vorkom=
men. Schon 1463 findet man im Bür=
gerbuch und im Rathsprotokoll unter dieſem
Jahr: „Lärenz ſchurner kartenmaler von
Ulm iſt Burger worden uf Freytag nach
Pfingſten LXIII.‟ Allein, da dieſer Kar=
tenmahler hier ſeine Rechnung nicht fand,
weil man die Karten anderswoher ohne
Zweifel wohlfeiler beziehen konnte, und ihr
Gebrauch durch die Zuchtordnung ziemlich
ein=

eingeſchränkt war: ſo ſucht man bis auf
das ſechszehnde Jahrhundert ſeine Kunſtge=
noſſen in unſeren Bürger= und Steuerbü=
chern vergeblich. Erſt vom Jahr 1508 bis
1513 ſteurt Sir Sauer der Briefmahler,
von 1509 bis 1521 Claus Reichart, ge=
nannt Säurlin der Kartenmacher, ver=
muthlich ein Sohn des vorigen, von 1516
Wilhelm Saugenfinger, Kartenmacher,
und von 1520, der von Marktoffingen ge=
bürtige Kartenmacher, Marx Kegler, von
1522 bis 1543 Franz Scharpf, genannt
Tauſentſchön der Kartenmahler, der unten
noch weiter vorkommen wird, von 1528
bis 1543 Franz Böglin, der als Karten=
macher bereits im vorigen Stück angeführte
Rival von Scharpfen. Von 1551 bis
1589 ſteurt Chriſtoph Schwalmüller, der
alt, und neben ihm von 1580 bis 88 ſein
Sohn ebenfalls Chriſtoph, der junge ge=
nannt. Dieſe Brief= und Kartenmahler
nebſt den Kartenmachern fanden nach den
öffent=

öffentlichen Akten hier so wenig ihre Rechnung, daß sie neben dem Kartenmachen sich
mehrentheils noch auf ein ander Gewerbe
verlegen mußten, und doch damit sich nur
kümmerlich ernährten. So machte in den
Jahren 1536 bis 41 Franz Scharpf den
Buchbinder, und von 1538 an den Buchdrucker, Buch- und Briefhändler, daher,
wie im vorigen Stück erinnert worden, der
Kartenmacher Franz Böglin 1539 vor Rath
begehrte, daß Scharpf neben seinen Büchern und Briefen keine Karten im Laden
feil haben sollte. Selbst Scharpfens Wittib und ihr Sohn Erasmus, der als
Buchdrucker zugleich den Kartenmacher und
Kartenhändler machte, fanden ihre Nahrung mit diesem Gewerbe so kümmerlich,
daß sie gegen den Verkauf fremder Karten
1549 den 11. Jenner sich beklagten. Allein sie erhielten den Bescheid: „ein Rath
„könne sich nicht erinnern, das niemand
„als Cartenmacher allhier feil haben sollten
„und

„und wolle sich ein Rath die Hände nicht
„verschließen lassen, besonders da sie nichts
„guts machten.“ Und wirklich wenn man
die aus Scharpfens Werkstatt sich noch her-
schreibende gedruckte und mit Farben ausge-
strichene Adler, die als Stadtwappen den
alten Büchern in dem Archive und der Stadtbibliothek aufgeklebt sind, betrachtet: so wird
man sich nicht wundern, wenn es mit der
Kartenmacherey hier nicht fortwollte, und
die Kartenmacher zu allerhand Nebenkün-
sten ihre Zuflucht nehmen, ja am Ende gar
Taglöhner werden mußten, wie das mit
Christoph Schwallmüller dem Jüngern, und
Erasmus Scharpfen in ihren letzten Jahren
der Fall ist. Laut vor mir liegenden Aus-
zügen aus dem Rathsprotokoll war es daher
den Kartenmachern, wie den deutschen
Schulmeistern erlaubt, zur Beförderung
ihrer Nahrung zuweilen eine Komedie zu
geben, die ihnen aber freylich nicht gar zu
viel eintragen mochte, da die Person nach

ei-

einer Nachricht von 1579 nicht mehr als
zwey Pfennige bezahlte. Da in Rücksicht
der Komedien die Kartenmacher und Schul=
meister an den Meistersängern (1) Rivalen
hatten, so scheint auch dieß Hülfsmittel zu
ihrem Nebenverdienste nicht hinlänglich ge=
wesen zu seyn, und der Magistrat sahe sich
daher genöthigt, im Jahr. 1585 den Ver=
kauf der fremden Karten zu verbieten. Am
Ende beschloß man gar, den Kartenmachern
eben so wie den Salpetersiedern das hiesige
Bürgerrecht zu verweigern, und sie nur in
Beysitz aufzunehmen. Den Anfang machte
man 1585 mit Hans Merklin. Wirklich
fin=

1) Die Meistersänger kommen 1539 ultimo
   Ianuario unter dem Rubro Meister ge=
   sang zum erstenmahl in unsern öffentlichen
   Acten im Rathsprotokoll vor, wo es heißt:
   Ist dem jungen Buttschbacher zugelassen
   ein Singschul zu halten. Bey einer an=
   dern Gelegenheit soll mehr von ihnen
   kommen.

findet man bis zum Jahr 1650 keinen Kartenmacher im Bürgerbuche angeführt. Erst
in diesem Jahre steht unter dem 21. Jan.
Salomon Kurz von Reutlingen, Kartenmacher, dessen Nachkömmlinge Mahler
geworden. Der letzte von ihnen, Johann
Jakob Kurz, starb als hiesiger Stadtmahler
den 5. May 1773. Neun Jahre nachher
wurde mit dem 1782 verunglückten Kartenmacher, Johann Adam Weilenmeyer die
Formschneiderey zu Grabe getragen, da sein
Vetter, Johann Georg Weilenmeyer, der
sie fortzutreiben von Dresden hergekommen,
solche mit dem Soldatenstande vertauschte.
Zwar suchte der noch lebende Mahler Johannes Müller, der sich mit obrigkeitlicher
Erlaubniß 1783 als Kartenmahler in die
Kramerszunft einschreiben ließ, die Formschneiderey von ihrem völligen Aussterben
zu retten, aber er war nicht glücklicher,
doch klüger als seine Vorfahren. Er ließ
ein Geschäfte, das bey der Menge auslän-
dis

discher Karten keinen Mann nährt, liegen,
und blieb bey der Mahlerey, wo ich mehr
reres von ihm sagen werde.

So wenig Glück die Kartenmahlerey
und Kartenmacherey als Zweige der Formschneiderey in Nördlingen machten, so darf
man darum nicht glauben, daß in Nördlingen nach Walthern und Hürning keine
Formschneider von Bedeutung mehr gewesen. Ich brauche hier nur an unsern
Hans Scheufelin zu erinnern. Zwar ist
zwischen ihm und jenen ein Zwischenraum
von beynahe funfzig Jahren, da Scheufelin erst 1515 Freytags nach Ascens. hier
Bürger geworden. Allein seine Arbeiten
lassen uns die große Lücke zwischen ihm,
Hürning und Walthern um so mehr über-
sehen, da er Holzschnitte lieferte, die mit
denen der besten Meister wetteifern, wie in
der Folge, wo er unter den Mahlern näher
soll beschrieben werden, des weitern erhellen
B   wird.

Nach seinem 1539 erfolgten Absterben ers
scheint 1540 Martin Koch, Bildschnißer
zugleich als Formschneider. Denn so findet
man in der Stadtkammerrechnung vom Jahr
1540 „Martin Koch, Bildschnißer von
„einem Model als man Adler dann trugken
„khend zu schneiden 2 gl." Ohnerachtet
dieser Adler von den vier verschiedenen Sors
ten, deren zwey vor und einer nachher in
Holz geschnitten wurden, der schönste ist: so
hat sein Verfertiger doch damit nichts Gutes
gestiftet, da er zur Verunstaltung unseres
Stadtwappens die erste Ursache gegeben.

Nach den in der Folge anzuführenden
Siegeln ist das Wappen der Stadt Nörds
lingen der einfache Adler, anfänglich unges
krönt, vom funfzehnden Jahrhundert an
aber gekrönt. Er ist als ein Abzeichen des
Kayserlichen Schußes ganz der von Oetter
(2) beschriebene schwarze Adler mit gelben
Füs

2) Samuel Wilhelm Oetters Wappenbelus
stigung. Acht Stücke, Augsburg 1764

Füßen und gelbem Schnabel im goldenen
Felde, und hat auserdem eine rothe Zunge
und eine goldene Krone. So findet man
ihn bereits 1420 auf dem pergamentenen
Schuldbuche der Stadt abgemahlt, und
eben so in der ältesten Scheibe, welche die

B 2 Wap=

und 65 in 4. Hier steht in der Vorrede
zum ersten Stück Not. d. „Warum der
„occidentalische schwarze Adler mit gelben
„oder goldenen Klauen und Schnabel
„abgebildet wird, ist die nähere Ursache:
„Die schwarzen Adler haben gelbe Füße
„und gelbe Schnäbel. Man hat also
„einen schwarzen Adler in seiner natürli=
„chen Farbe vorstellen wollen.“ Gerade
so ist unser Stadtadler, der nach eben
demselben Oetter im ersten Stück ein Ab=
zeichen des Kayserlichen Schutzes und der
Verbindung unsrer Stadt mit dem Rei=
che ist: denn so sagt Oetter. „Der ein=
„fache Adler ist für die Reichsstädte schon
„genug an den Tag zu legen, daß sie
„zu dem Reich gehören.“

Wappen sämmtlicher Mitglieder enthält, die, in der 1469 erbauten neuen Trinkstube, 1470 eine eigne Stubengesellschaft errichtet, oder vielmehr fortgesetzt haben. Da die jetzige Trinkstube in selbigem Jahr die neue Trinkstube genannt wird, und in den Stadtkammerrechnungen bereits 1415 „Zinß von der neuen krum unter dem Trinkhaus" und 1426 „Ein Pfund Wachs aus Sitzen Amans Haus, da das Trinkhaus ist" vorkommt, und auserdem unter den Wappenschilden, zwey Pfauen, derer von Hall vorkommen, von denen der Letzte, Heinrich von Hall, 1434 wegen seinen beständigen Händeln mit Pauls von Bopfingen des Raths entsetzt von hier fortzog; auch von den Müllern, von denen Heinrich Müller der Burgermeister bereits 1465 nach Augsburg gezogen, zwey Wappen angetroffen werden; und von den Hainzeln, (von denen Hans Hainzel der Vater von 1428 bis 1434 zu Rathe gieng, der Sohn Rap=

per

per oder Rappold Hainzel aber von 1455 -
1461 im Rath faß,) nach ihren Wappen=
schilden in der Kirche, der Vater bereits
1435, und der Sohn 1461 verstorben; so
muß die Scheibe der erneuerten Stuben=
gesellschaft bereits in der ersten Hälfte des
funfzehnden Jahrhunderts gemacht seyn.
Der Mahler verstand es, wie die sämmtli=
chen Wappen zeigen, nicht nur schön, son=
dern auch heraldisch richtig zu mahlen, da=
her das in der Mitte angebrachte, einem
Engel auf einem goldenen Schilde über die
Brust bis zu den Füßen herunterhangende,
dem bereits beschriebenen ganz ähnliche Wap=
pen, für das ächte und richtige zu halten.
Wie es daher auch ganz diesem Gemählde
getreu in das um 1445 verfertigte größere
Secretinsiegel aufgenommen worden. Ohne
mich auf die übrigen Scheiben der Stuben=
gesellschaft vom Jahre 1542, 1563, 1586,
1601 und 1653 zu berufen, in deren Mitte
man das nemliche Wappen ganz unverän=

B 3   dert

dert in Schnitzarbeit findet, und ohne an
die an den Stadtthoren, an dem Zeughaus
und dem Spital angebrachten Wappen, und
an den bereits 1413 von einem hiesigen
Künstler mit Schnitzarbeit verfertigten Be-
hälter zu den Briefen im Gewölbe zu erinnern, woran der beschriebene Stadtadler
zweymal auf einem Schilde, den ein Engel
über die Brust herunter hängen hat, vorkommt; so berufe ich mich bloß auf die an
den zwey Erkern des Zahlhauses angebrachten, und von dem hiesigen Bildhauer Hans
Fuchsen 1542, laut ihrer Inschrift und der
Stadtkammerrechnung, in Stein gehauenen
Adler, wenn ich behaupte, daß der Adler
ohne einen Herzschild, das wahre Stadtwappen sey. Denn berührte zwey Adler
werden nach dem Rathsprotokoll ausdrücklich die Stadtadler genannt. Denn so findet man unter dem 10. Jul. 1542. „Uf
dem Weinmarkt entschloß sich ein Rhat aus
allerley Ursachen den Stadtadler und nicht
den

den Reichsadler an zweyen Orten an das
neue Haus zu machen. Act. ut supr." Da
nun diese Adler, so wie der im Jahr 1544
von dem nemlichen Bildhauer auf die alte
Orgel verfertigte Adler keinen Schild haben,
auch in der Bandstube die Adler über der
Thür und am Ofen keinen Herzschild haben,
und selbst der bey der Reperatur des Raths=
hauserkers im goldenen Felde gemahlte
schwarze Adler keinen Herzschild hat: so
glaube ich dem Formschneider Martin Koch
nicht Unrecht zu thun, wenn ich behaupte,
daß er unser Stadtwappen verunstaltet,
und die Veranlassung zu weiteren Abwei=
chungen von dem eigentlichen ältesten Stadt=
wappen gegeben habe. Der von ihm zuerst
angebrachte Herzschild ist roth und silber
quer getheilt. Daß er damit unsere Stadt,
die damals unbezweifelt zu Schwaben ge=
rechnet wurde, zu Franken, das von je an (3)

B 4   roth

3) S. Oett. a. a. O. an mehreren Stellen,
besonders im I. Stück p. 103.

roth und weiß führte, habe ziehen wollen,
glaube ich nicht; vielmehr scheint der Herz‍
schild auf den gedruckten Adlern die Absicht
gehabt zu haben, die Numern der auf ein‍
ander folgenden Bücher hinein zu schreiben.
Allein, da er doch hiezu zu klein war, so
erlaubte sich ein weiterer Formschneider, der
den von Erasmus Scharpf gedruckten und
mit Farben ausgestrichenen schlechtesten aller
Adler geschnitten, in dem Herzschilde einen
silbernen Balken im rothen Felde anzubrin‍
gen. Auch dieß halte ich wieder mehr für
eine Spielerey des Formschneiders, als für
einen ernstlichen Bezug auf das Oesterrei‍
chische Wappen. Da bereits bey der ersten
auf öffentliche Kosten hier gedruckten Schrift
der Stadtadler als ein Stock voransteht: so
behielt man auch in der Folge bey solchen
Schriften, die nicht in Patentform heraus‍
kamen, aber auf öffentliche Kosten gedruckt,
oder zum Stadtgebrauch, wie besonders
mehrere Schulbücher, bestimmt waren, diese

Ge‍

Gewohnheit bey, und ſetzte den Stadtadler
voran, in deſſen Herzſchild, woran man nun
einmal gewohnt war, die Sigle der Stadt
ein N gemacht wurde, welches man dann
allmählich auch bey andern Abbildungen
des Stadtwappens anbrachte, mit dem Un=
terſchied, daß man zum öftern dem Stadt=
adler ohne einen Schild die Sigle blos auf
die Bruſt ſetzte, wie ſolches an den neueſten
Scheiben der Stubengeſellſchaft vom Jahr
1667 und 1686 zu ſehen, und ſo auch auf
dem gewöhnlichen Kanzleyinſiegel geſehen
wird. Dagegen man auf dem Secretinſie=
gel der Stadtkammer, das mir wenigſtens
von 1600 her bekannt iſt, und eben ſo
auf dem Stempel, womit die Bücher der
Kirchen und Stadtbibliothek von dem
Schluſſe des ſiebenzehnten Jahrhunderts
an bezeichnet werden, den Herzſchild mit
der Sigle N erblickt. Meinem Vermu=
thung nach hat die Verfertigung Petſchaft=
ähnlicher Secretinſiegel, die nicht wie die

B 5 älte=

älteren Secrete eine Umschrift haben, die
Veränderung unseres Stadtwappens in dem
siebenzehnten Jahrhundert begünstigt. Denn
da man um die Siegel der Stadtkammer
und Kanzley keine Umschriften machte: so
war es wegen dem von andern Reichsstädten
ebenfalls in Wappen geführten Adler nö-
thig, solchen mit einer Sigle zu bezeich-
nen, indeß in unsern größern Siegeln mit
Umschrift der Adler weder einen Herzschild
noch eine Sigle hat. Der nemliche Fall
ist mit dem Spital. Auf dem Siegel mit
einer Umschrift hat das Symbol des h.
Geistes keine Sigle, aber auf dem kleinen
Siegel sieht man auf der Brust dieses Sym-
bols die zusammen geschobene Buchstaben
N-H. (Noerdlingischer Hospital.) Ich
unterfange mich keineswegs, hiemit bestim-
men zu wollen, welches für jetzt das eigent-
liche Stadtwappen seyn solle, sondern über-
lasse es denjenigen, die das Recht haben,
das Wappen unserer Stadt zu fixiren, hoffe
aber

aber auch, daß mir diese kritische Untersu=
chung, die ich nach der Forderung des
vorzüglichsten Lehrers der Diplomatik und
Heraldik angestellt, (4) nicht werde übel
ausgelegt werden. Das einzige muß ich
noch erinnern, daß im Weigelischen Wap=
penbuch das hiesige Stadtwappen beydemal
falsch abgedruckt ist; wenn im ersten Stücke
219 ein goldener Adler im silbernen Feld,
und im sechsten Stück ein goldener Adler
im schwarzen Feld als das hiesige Stadt=
wappen abgebildet ist. Nach dieser etwas

lan=

4) Gatterer sagt in seiner praktischen
Heraldik, im dritten Hauptstück vom
Kritisiren der Wappen, daß eine kri=
tische Untersuchung der Wappen eine
Sache sey, die dem Historiker die
Heraldik zur Pflicht macht, daher ihm
auch solche Niemand übel nehmen könne
noch dürfe. Besonders empfiehlt er dar=
auf zu sehen, wie sie durch Nachläßigkeit
oder Künsteley und Superklugheit verun=
staltet geworden.

langen Digreſſion, auf die mich die Spielerey eines älteren Formſchneiders gebracht, kehre ich nochmals zu dieſer Kunſt zurück, von der ich nach dem angeführten Koch (5) weiter keinen Holzſchneider auſer Scheufelin mehr anführen kann, welcher bis in die gegenwärtige Zeiten herein etwas zum Abdrucken in Holz geſchnitten hätte. Damit will ich gar nicht läugnen, daß nicht unter den hieſigen Bildhauern und Bildſchnitzern der eine und andere geweſen, der beſonders für unſre unzünftige und zünftige Buchbinder Stempel in Holz geſchnitten, womit ſie die Einbände der Bücher auf den Tafeln und dem Rücken ſo lange verzierten,

bis

5) Koch ſcheint auch das ſehr gut geſchnittene Scherbiſche Wappen gemacht zu haben, das die nemliche Einfaſſung hat wie der 1540 von ihm geſchnitzte Adler, und in einigen von Chriſtoph Scherb zur Stadt und Kirchenbibliothek geſchenkten Büchern zu ſehen iſt.

bis sie die hölzernen Stempel mit stählernen vertauschten, wovon bey den Buchbindern etwas mehr vorkommen wird.

Nicht weniger mögen unsere seit dem 23. April 1731 privilegirte und auf die gesünfte Zahl bestimmte Schwarzfärbereyen zu dem Leinwanddruck ihre eigne Formschneider der erforderlichen Möbel entweder hier gefunden, oder auf einige Zeit sich gehalten haben. Ihr Gewerbe ist eines der ältesten in der Stadt. Es wurde zum Behuf der Weberzunft, für die bereits in der Mitte des vierzehnten Jahrhunderts (6) eine eigne Bleiche da war, zu gleicher Zeit in der noch jetzt sogenannten Mangasse, in der Rothischen Färberey Litt. C. Nr. 89 und

6) Bereits 1375. fer. quinta ante Martini wurde die Bleich, als sie umgriffen ist, mit dem Graben biz an die Eger vnd an den newen Graben um xvi Pfund Heller ewigs gelts an Fritz Amman und seine Erben verlihen.

und 139 auf öffentliche Koften eine Mange
errichtet, die fchon 1401 in den Stadtkam=
merrechnungen vorkommt, und einen eige=
nen Beamten der Stadt hatte, der anfäng=
lich den Nahmen des Kellermeifters führte,
vermuthlich wegen der bey ihm fich befin=
denden Niederlage der Baumwollen= und
Leinenwaaren, laut eines ausgefchnittenen
Zettels, der um 1460 dem Mangmeifter
Ultrich Mobler zugeftellt wurde, worinnen
er wie feine Vorgänger von 1401 an Kel=
lermeifter genannt wurde. Aus diefem
Zettel erfieht man, daß er alle Barchent=
und Leinenwaaren, die fchon fehr früh ihre
gefchworne Schau hatten, welche 1410 von
8545 Tücher 1329 ℔ einbrachte, auszu=
meffen und davon wie von feinen übrigen
Einnahmen etwas Gewiffes der Stadt ab=
zugeben hatte. Wie dann 1420 der Keller=
meifter Peter Refche „von der Eile, dem
Keler und der Mange 12 fl. bezahlte. Er
hatte die gemangte Tuche zufammenzulegen,
                                        und

und in Ballen oder Farball (7) zu binden.
Zur Bereitung der Tuche hatte er eine eigne
Mang

7) Farball, Varball, Fardell sucht man
in den alten deutschen Glossarien ver=
gebens. Selbst I. G. Scherzii Glossa-
rium Germanicum medii aevi, Argen-
torati, 1781 und 1784. II Tom. in folio,
läßt es unter Vardel unerklärt, und sagt
nur: num vectura, merces advectae?
Unter Fartel macht es nach Eck ein un=
bekanntes Gewerbe daraus. Blos der
fleißige Geschicht = und Sprachforscher,
Herr P. Bernhard Stocker, Archivar
und Bibliothekar an dem Benediktiner=
kloster zum H. Kreuz in Donauwörth,
bemerkt es in seinem erst dieß Jahr er=
schienenen Beytrag zu den frühern Glos=
sarien, wovon er mich mit einem Exem=
plare beehrt. Sein jedem, der größere
Werke entbehren muß, nützliches Buch
führt den Titel: P. Bernhart Stocker
Diplomatische Erklärung alter deut=
scher Wörter vom 12. bis 17. Jahr=
hundert, Donauw. 8. 1798. Hier

Mang und Preſſe, die 1450 aufs neue her⸗
geſtellt wurden, und mangte ſolche entweder
weiß

findet man: Fardell ein Päckchen. Dieſe
Erklärung wird in der Bedeutung eines
Ballen Barchenttücher durch den Zettel
unſeres Kellermeiſters beſtätiget. Da
dieſer für ein einzeln Stück zu meſſen
vom Käufer und Verkäufer einen Pfennig
bekam, für einen Vardall aber ſieben
Pfennig, ſo mag der Balle, (nach dem
Italieniſchen Fardello ein Pack, Bündel,
Vardall genannt,) ungefähr aus ſieben
Stücken beſtanden haben. Denn ſo finde
ich: „Welcher ain Vardall hie verkawft,
„ſol ir yeder, der kawffer vnd verkawffer,
„dem Kelermeiſter Syben pfening davon
„geben zum vnderkawffe.‟ Uebrigens
finde ich im Stadtbuch, wo ſehr viele
Käufe der Barchenttücher regiſtrirt ſind,
1422. der Fardel zuerſt erwähnt. Die
darinnen enthaltenen Stücke waren nach
eben demſelben Buche entweder mit einem
Ochſen, oder einem Löwen, oder einer
Traube bezeichnet, und hatte jedes Stück

weiß oder gefärbt. Die Farben, die in
seinem Zettel vorkommen, sind blau und
schwarz, und wurden ebenfalls von ihm
besorgt, und zwar letztere aus bestimmten
Farben. Denn so steht in dem Zettel
„Item

1200 Fäden minder 30. Aus einem
Sacke Baumwolle wurden 1415, 42 Tuch
gemacht, deren eines mit 8 einem halben,
auch 9 Pfund bezahlt wurde. Diesen
Beytrag zu Scherzens Glossario glaubte
ich um so mehr liefern zu müssen, da
die Schule in diesem Jahr dieses schätz-
bare Werk vom Herrn Kaufmann Be-
nedikt Konstantin Düttel zu einem
Geschenke erhielt. Da wegen des K. K.
Feldspitals der Rektor vom 2. May 1797.
bis Anfangs Jul. 1798. in seinem Hause
gewohnt, so bestimmte er einen Theil des
ihn treffenden Hauszinßes zu Anschaffung
dieses beträchtlichen Werkes für die Schul-
bibliothek, welches öffentlich anzurühmen
ich für meine Pflicht halte.

C

„Item er fol auch verben mit Rausch, Alandt vnd Gallas. (8) Eben diese Versordnung wurde den 13. Jun. 1546 wiesderholt, wo bereits zwey Mangen exiftirten, deren zweyte der seit 1498 bey der Kornsschrann Litt. D. Nr. 40. vorkommende Jörg Mayinger inngehabt, und solcher von 1504 bis 1515 vorgeftanden ift. Diese zwey Mangmeistereyen nebft den Schwarzsfärbereyen, deren Beftänder 1546 angewiesen wurden, auf gute Farben zu sehen, und nach Nürnberg und Regensburg sich zu richten, blieben bis in die zweyte Hälfte des sechszehnden Jahrhunderts ein Eigensthum der Stadt, deren ältefte von 1493 an die Familie Paul Gundelfingers, die jüngere aber Jörg Meyingers Nachkommen in Pacht hatten, bis beede Familien, die erfte 1560, die andere etwas später das Ei-

8) Hiemit ift das zu vergleichen, was von Stetten a. a. O. von den Augsburgischen Färbereyen Seite 250 ff. anführt.

Eigenthum an sich kauften. Wahrscheinlich zu Anfang des siebzehnten Jahrhunderts wurde die dritte, jetzige Beyschlagische Färberey Litt. C. Nr. 71 errichtet, da bereits 1668 den 3. August der sie von Thomas Herpfer übernehmende Johannes Verius von Strasburg hier Bürger geworden. Die ältefte Färberey kam 1663 (9) an die Münzingerische Familie, in die sich 1679 Georg Friederich Hinkelden, Schön und Schwarzfärber von Winsen an der Luhe im Lüneburgischen ohnweit Hamburg einheyrathete. Da er solche an seinen Stiefsohn abtreten mußte: so errichtete er in dem 1701 durch Kauf an die Stadt gekommenen Klosterzimmerer Haus die jetzige Seningische Färberey Litt. D. Nr. 45. Die neueste unter allen Schwarzfärbereyen

C 2   ist

9) Siehe M. G. W. Hinkelden's heilsame Erinnerung an die sämtlich WinterMünzinger und Hinkeldeyische Descendenten. Nördlingen 1726. 8. Seite 91 ff.

ist die Wucheriſche Litt. C. Nr. 93, die
1726 von Herrn Benedict Wucherer errichtet wurde, der zu dieſer Abſicht von
gemeiner Stadt den ehemaligen Karrenſta-
del erkaufte. Da ſeines Bruders Daniel
Wucherers Sohn, Johann Caſpar Wucherer, die von Balthas Simons Wittib
1669 an ihren Vater und Großvater ver-
kaufte Färberey an der Kornſchrann bereits
an ſich gebracht hatte: ſo ſuchte Tobias
Wucherer, ein Vetter von Johann Caſpar
und ein Bruder von Benedict Wucherer
eine ſechste Schwarzfärberey und Mang zu
errichten, allein da dieß den bereits beſte-
henden Schwarzfärbern an ihrer Nahrung
hinderlich ſchien: ſo ließen ſie ſich, wie
ſchon oben geſagt worden, den 23. April
1731 auf ihre bereits gemachte Einrichtun-
gen und Häuſer ein ausſchließliches Privi-
legium ertheilen. Dieſer Tobias Wucherer
nun war eigentlich der erſte, der die in
Augsburg ſchon länger beſtehende Leinwand-
dru-

druckerey vermuthlich von dort auch hieher
brachte und bey uns einzuführen suchte, da
er selbst ein geschickter Formschneider oder
Modelstecher war. Allein, da er wegen
dem aus reiflicher Ueberlegung den übrigen
Schwarzfärbern ertheilten Privilegio seinen
hiesigen Aufenthalt mit dem in dem benach-
barten Dorfe Allerheim vertauschte, wo er
bis um das Jahr 1783 die Schwarzfärberey fortgetrieben: so blieb der angefangene
Leinwanddruck einige Zeit liegen, bis in
den vierziger Jahren der 1784 verstorbene
Herr Johann Christoph Arnold, des Stadt-
gerichts Beysitzer und Schwarz- und Schön-
färber allhier, welcher die alte auf die
Münzinger gekommene Schwarzfärberey
1739 mit einer Münzingerin erheyrathet
hatte, solchen aufs neue in den Gang
brachte. Anfänglich druckte man blos mit
Bleyweiß auf schwarze und blaue Leinwand,
nachmals aber fieng man eine Art Kotton-
druck an, von der die Sorte mit schwar-

C 3   zem

zem Deſſein auf rothem Grunde Mohrens
bombaſin genannt wurde. Gegenwärtig
druckt man noch theils auf die ältere Manier, theils auf eine erſt ſeit einigen Jahren
von Heilbronn und andern Orten her bey
uns bekannt gewordene Kottonmanier. Die
erſte Manier liefert vornemlich ſogenannte
Baurenwaare, in der zweyten aber werden
ſehr artige Sachen zu Halstüchern, Schnupf-
tüchern, Schürzen und ganzen Kleidern
gedruckt. Die Mödel zu der neuen Manier ließen ſich die Färber mehrentheils durch
Auswärtige, die ſie einige Zeit dazu herge-
halten, ſtechen, zu den älteren gröbern aber
wurden ehedem die Mödel von Hieſigen
geſchnitten, von denen mir aber keiner, als
der 1764 verſtorbene Zinngieſſer und Eich-
meiſter, Georg Balthas Günzler bekannt
geworden, der ein ſehr guter Zeichner geweſen, und ſich aufer ſeinem Gewerbe auch
auf Metallſtechen und Modelſchneiden gelegt hat.

Au

Auser der Formschneiderey zum Lein=
wandbruck ist in den neuern Zeiten eine
eigne Art der Formschneidekunst hier ein=
geführt worden, die mit der, welche für
Gipsabbrücke Formen bereitet, sehr viele
Aehnlichkeit hat. Sie wird seit 1779. von
Ehrenfried David Henning, der sich als
Lebkuchner von Weissenburg hieher verhey=
rathet, und seit 1785. von Vitus Jeremias
Adam, Konditor und Specereyhändler,
von hier, getrieben. Beyde schneiden in
Holz manchfaltige Modelle, die sie dann
in Tragant= oder Marzipanmasse abdrucken.
Letzterer arbeitet vorzüglich im antiken Ge=
schmacke, und seit einiger Zeit liefert er
auch sehr schön geformte und nach der Na=
tur gemahlte Naturhistorische Gegenstände,
besonders Säugthiere, die er Stück für
Stück in einzelnen Kästchen verkauft. Man
findet seiner in Herrn Hofrath Meusels
Museum für Künstler und Kunstlieber (10)

C 4   mit

10) Siehe Herrn Hofrath Meusels Mu=

mit verdientem Lobe gedacht. Der erstere befleißiget sich nicht minder, schöne Tragant- und Marzipanarbeiten zu liefern, und hat besonders in den Jahren 1794. und 1795. die vorzüglichsten Nationen und Völker in Tragantbildern, jedesmal zu zwölf Stücken, sammt einer kurzen Beschreibung geliefert, wobey er sich als einen geschickten Holzschneider und guten Illuministen gezeigt. Zugleich lieferte er auch eine Suite von Handwerkern nach J. P. Voits Unterhaltungen, und machte dadurch, wie durch seine übrigen Arbeiten, die ehemals sehr bizarren Marzipanbilder auch bey seinen übrigen Kunstgenossen den Zeiten angemessener und zugleich als Unterrichtsmittel nützlicher.

Buchseum für Künstler und Kunstliebhaber. Zehntes Stück und daselbst Nro. 3. Nachricht von Kunstsachen und Künstlern in der Reichsstadt Nördlingen. Von Herrn Johannes Müller, einem dortigen Maler.

Buchdruckerkunſt.

Nach der Geſchichte der Formſchneide=
kunſt in ihren verſchiedenen Arten, komme
ich nunmehr auf die Geſchichte ihrer vor=
züglichſten Tochter, der Buchdruckerkunſt.
Hier muß ich aber ſogleich im voraus erin=
nern, daß Nördlingen in dieſer Rückſicht
mit noch größern Städten, bey denen we=
gen den in ihrer Nachbarſchaft angelegten
frühern Buchdruckereyen, dieſe Kunſt erſt
ſehr ſpät einheimiſch werden konnte, gleiches
Schickſal hatte. Denn ſo wie Frankfurt,
wegen der Nähe von Mainz und Bamberg,
erſt 1530 (11) ſeinen eigenen Buchdrucker
erhielt, ſo geſchah das Nämliche mit Nörd=
lingen, wo wegen der Nähe von Augs=
burg, Ulm und Nürnberg vor 1538. kein
eigner Buchdrucker aufkommen konnte, da=
her alles, was auf öffentliche oder Privat=

C 5 ko=

11) Siehe den Artikel Buchdruckerey in
der Deutſchen Encyklopädie.

koſten für Nördlingen zu drucken war, in benannten Städten beſorgt wurde. So finde ich in der Stadtkammerrechnung von 1477. „Geben dem Günther Buchdrucker „von Augſpurg umb lrrr formen ſchießbrief „zu trukken ij Gulden, vnd dem formen „ſetzer geſchenkt. 1 Ort.” Welche Stelle nicht nur das im Gutthäterbuch der Kar-thauſe Buxheim angegebene Todesjahr des Günther Zanners beſtätiget, (12) ſondern auch mit einem merkwürdigen Armbruſt- und Büchſenſchießen uns bekannt macht, das 1478. zu ausgehender Nördlinger Meſſe gehalten wurde, womit der mehrern Anlockung wegen ein Glückshafen verbun-den war, und der Stadt einen Aufwand von 814 fl. 1 Ort, und 1160 Pfund 2 hlr. verurſachte, wie ſolches die Rechnung be-zeu-

12) Siehe des Herrn Geheimen Rath Zapfs Augsburgiſche Buchdruckergeſchichte in der hiſtoriſchen Einleitung Seite IX und fol-gende.

zeuget. Nach Günthers Tod druckte für
hiesige Stadt der bey dem geistlichen Ge=
richt in Augsburg angestellte Notar, Jo=
dokus Pflanzmann, die von Hrn. Burger=
meister Dolp (13) bekannt gemachte und
von Herrn Geheimen Rath Zapf be=
schriebene Indulgenzbulle Pabst Sixtus V.
Das Original ist vom Jahr 1475. datirt
und in Rom sehr niedlich in Patentform
gedruckt worden. Der Nachdruck davon
fällt in das Jahr 1482, nach noch vorhan=
denen lateinischen Briefen des Pflanzmanns
(14) an unsern Stadtschreiber Ulrich
Teng=

13) D. C. Dolps Gründlicher Bericht von
der Reformation der Stadt Nördlingen,
Nördlingen 1738. und daselbst Seite 13
und in der Urkundensammlung Nro. XII.
So auch Zapf a. a. O. Theil II. S. 218.

14) Von Jodokus Pflanzmann siehe Herrn
Geheimen Rath Zapf a. a. O. in der
historischen Einleitung Seite XXVII, wo
auch Seite XXIV und folgende das Nö=

Tengler, worinnen er sagt: de copiis ma-
joribus ultra tria millia impressi. Zugleich druckte er zu der nämlichen Zeit: Ca-
sus reservati in Bulla Nördlingen, woran
sich unten die forma absolutionis befindet,
die er zum Vertheilen unter die, die hier
und auswärts von der Indulgenz Nutzen
haben wollten, 20,000 mal abdruckte, je
auf einen Bogen, der ihm mit 3 hlr. bezahlt wurde, sechs Stücke. Diese Con-
fessionalia oder Beichtzettel, wie er sie in
seinem Schreiben nennt, hatte er bereits
im Jahr 1480. zu 3500 Stücken für die
Stadt gedruckt; da er selbst zu mehreren
nicht Zeit hatte, so wurde eine Parthie
von Bämler gedruckt, denn er sagt: quae
misi sufficiant cum aliis per paemler factis.
Ein vor mir liegendes Exemplar dieser Beichtzettel, das weit schönere Lettern hat, als
die

thige von dem bald zu erwähnenden Johann Bämler vorkommt.

die Kopie, scheint wirklich von Bämler zu seyn. Aus einem Brief vom 1. März habe ich noch anzumerken, daß Pflanzmann für seine Zeiten recht gut eingerichtet war, denn er sagt: Habeo unum fortem impresforem et duas optimas presfas propter multitudinem copiarum et celerem negotiorum expeditionem.

Um die nämliche Zeit, als Nördlingen seine Sachen auswärts mußte drucken lassen, und folglich keinen eigenen Buchdrucker hatte, machte sich eines seiner Stadtkinder als Buchdrucker in Italien berühmt. Er hieß Johannes von Nördlingen. 15) Denn nach Panzer druckte 1480. Iohannes de Nörd-

15) G. W. Panzeri Annales Typographici, VI. Vol. Norimbergae, 1793-1797. und daselbst in den Indicibus des fünften Bandes, und im ersten Bande unter Bononia, p. 211 n. 55. und p. 214 n. 73. 74. 75. deßgleichen im dritten Bande unter Venetiis p. 201 n. 740.

Nördlingen zu Bologna Gyidonis mani-
pulum curatorum allein, 1482. eben das
selbst mit Heinricus de Harlem: Anato-
miam Mundini emendatam, dann Ugo-
nis confilia medica; und Gabrielis Zebri
Quaeftionum metaphyficarum libros
duodecim. Und mit eben demselben Ale-
xandri Gramatici doctrinale cum Com-
mentario Ludovici de Guaschis, an def-
fen Ende es heißt: Impresfum Venetiis
per Iohannem de noerdlingen et henri-
cum de harlem focios. 1483. die 25.
Aprilis. Ob gleich ehemals ein Geschlecht
der von Nördlingen hier, in Augsburg
und Hall florirte, und selbst einige Bür-
gerliche von 1431. bis 1493. unter dem
Namen Nördlinger in den Steuerbüchern
vorkommen: so glaube ich doch, daß dieser
Johann von Nördlingen, gleich mehrern
andern Buchdruckern, seinen Geschlechts-
namen mit dem Namen seines Geburtsortes
vertauscht und sich eben so Hans von Nörd-

lin-

lingen genannt habe, wie sich sein Associé
Heinrich von Harlem, und ein anderer, der
im nemlichen Jahre mit ihnen zu Venedig
druckte, Nikolaus von Frankfurt nannte.
Daß er aber von Venedig aus sich nach
Rom begeben und allda bey einem andern
Buchdrucker in Dienste getreten sey, möchte
ich fast glauben, denn ich finde in der
Stadtkammerrechnung von 1497: „Mai,
„ster Hans Nördlinger zu Rom gab Nach,
„steuer 2 Gl. dy Hand im die Rechner
„verert, aus Bevehl ains Rats, das hat
„er sich um einen Rat zu verdienen erbo,
„ten.“ Nach und zugleich neben Johann
von Nördlingen glaubte ich im Rathsproto,
koll 1485. einen hiesigen Buchdrucker ge,
funden zu haben, der mit einem gewissen
Endres Höchstätter aus dem Gefängnis ent,
wischt war. Allein bey genauerer Durch,
sicht seines Verhörprotokolls, Samstags
nach Luciä a. ̄84. fand ich, daß er von
Nürnberg gewesen und als falscher Spieler
ein,

eingeſeßt worden, der unter andern einem fremden Goldſchmidt zu Donauwerth Hoſen und Wammes abgewonnen.

Von der Zeit an, wo 1485. die Rechnung über die von dem entſprungenen Hermann verurſachten Aßungskoſten vorkommt, finde ich weder eines Buchdruckers, noch einer Druckſchrift in den öffentlichen Akten erwähnt, bis zum Jahr 1524. wo in dem Rechenbuch der Stadtkammer die Druckerkoſten über die älteſte hieſige Zuchtordnung vorkommen, die, wie bereits im erſten Stück angeführt worden, zu Augsburg in Patentform abgedruckt wurde. Mit 1528. gewinnt es, nach dem Rechenbuch dieſes Jahres, das Anſehen, als wenn ein wandernder Buchdrucker ſich auf einige Zeit hier aufgehalten hätte. Denn ich leſe: „Zallt in die truckherey für Wintermeßzettel zu truckhen 1 fl. 1 Ort.“ Dieſe Angabe, die den Drucker für bekannt annimmt und

ſeiſ

keinen Ort dazu setzt, ließe beynahe vermu-
then, daß sich in besagtem Jahre ein Drucker hier aufgehalten hätte, wenn nicht unter dem Jahre 1538. in dem Rathsprotokoll
es ausdrücklich stände, daß in diesem Jahre
die erste Druckerey nach Nördlingen gekom-
men. Denn unter dem Rubro: Neue
Truckerey zu Nördling, finde ich unter
dem 26. August 1538. folgendes: „Die
„erste Truckerpreß und kram (Zugehör)
„gleichwohl in altfrenkischer Form kauft
„Aßmus scharpff aim von Augspurg ab um
„15 fl. Lih ihme ein rhat das gellt uff
„mein (Stadtschreiber Vogelmanus) pro-
„moviren, zu nämlichen Zilen wider zu
„bezalen. Actum 26. Aug. A. 38.“
Dieser Aßmus, eigentlich Erasmus Scharpf,
der von 1543. bis 1575. in unsern Steuerbüchern vorkommt, war ein Sohn des oben
angeführten Kartenmahlers, Franz Scharpfen, der 1522. nach dem Bürgerbuch und
der Stadtkammerrechnung Burger gewor-

D   den.

den. In letzterer fand ich Folgendes:
„Franz Scharpf, genannt Tausendschön,
„zalt um sein Burgerrecht 7 Guld. aber
die Bürgschaft der 40 fl. (die er) aus Rats
„Versatzung (haben sollte) ist im vom
„Bund (dessen Versammlung damals hier
„war) erbeten.“ Schon dieser Umstand
zeigt, daß er nicht sehr bey Mitteln müsse
gewesen seyn, daher er auch, wie oben gemeldet, neben dem Kartenmahler und vermuthlich auch Formschneider, zugleich den
Buchbinder machte, und am Ende, wie
mehrere Briefmahler und Formschneider,
gar sich an die Buchdruckerey machte, die
sein Sohn Asmus Scharf, der bis 1443
in seinem Brod gewesen, eigentlich für seinen Vater mit erkaufte. Nach einer von
Schöpperlin hinterlassenen Rede von den
Nördlingischen Druckerpressen (16) soll
Scharpf

16) Diese Rede hat im Jahr 1771 unser
    verdienter Herr Kanzellist G. D. Wit-
    denmann gehalten.

Scharpf die bey Dolp unter den Dokumen-
ten und Urfunden Nr. XLII. befindliche
Kirchenordnung vom 15. May 1538 gedruckt haben. Da Herr Burgermeister
Dolp a. a. O. auf der 68. Seite in der
Note sie als gedruckt annimmt, aber von
dem Drucker nichts erwähnt: so getraue
ich mir nicht an der Angabe eines so sach-
kundigen Forschers zu zweifeln, nur kann
ich nicht glauben, daß sie bey Scharpfen,
der erst im Auguſt seine Preſſe kaufte, gedruckt worden. Zwar ſetzt Schöpperlin den
Druck derselben in das Jahr 1539, und
hält eine dritte Auflage des allererſten Werk-
chens des ehemaligen Karmelſer Mönchens,
Kaspar Kannzens, der nach dem Abgang
Theobald Gerlachers den 21. Jun. 1535
hier Prediger geworden, für dieſe Kirchenordnung. Dieſes Werkchen, das auch
Feuerlin in ſeiner Bibliotheca symbolica
p. 287 anführt, iſt folgendes: Von der
Evangelyſchen Meſſz mit ſchöné Chriſt-

D 2   lichñ

lichſt gebeten vor vñ nach Empfachung
des Sacraments. Durch Caſpar
Kannz von Nördlingen. Im Jar
M. D. XXIIII. ein Bogen in klein Oktav,
deſſen Titelblat eine portalmäßige Einfaſ⸗
ſung ziert, woran unten ein Wappen an⸗
gebracht iſt, das bis auf eine Kleinigkeit
dem von Johannes Schäffer zu Mainz ge⸗
führten gleicht, und von zwey ſißenden
Figuren gehalten wird, deren eine einen
Hirten Stab zwiſchen den Füßen liegen
hat, oben über dem Wappen ſieht man in
einem Täfelgen den verkehrt geſtochenen
Buchſtaben s. Nach Riederer ſoll 1525
eine zweyte Auflage, und dann noch eine
dritte ohne Jahrzahl erſchienen ſeyn, auf
welcher ſich der Buchdrucker durch ein über
einem Kreuze ſtehendes S kenntlich gemacht
habe. Da Riederer hierinnen den Straſ⸗
burger Buchdrucker, Johannes Schott
ſucht, ſo glaubt Schöpperlin eben därinnen
unſern Scharpf gefunden zu haben. Es
mag

mag brum seyn, ich will ihn nicht wider-
legen, nur kann ich nicht zugeben, daß
Kannzens angeführtes Werkchen, die bey
Dolp zu findende Kirchenordnung sey, da
ich solches, durch die Güte des Herrn Pfarrer Nopitsch zu Altenthann unweit Alt-
dorf, nebst mehreren andern zu meiner
Kunstgeschichte tauglichen Sachen zur Ein-
sicht erhalten. Es ist selbst seiner Aufschrift
nach nichts mehr und nichts weniger als
ein kurzer Unterricht von der evangelischen
Meß nebst dazu passenden Gebeten, mit
einem Wort ein so genanntes Nachtmahls-
büchlein in nuce. Daß indeß der um sein
Fortkommen besorgte Franz Scharpf seine
Presse nicht feyren lassen, ersieht man aus
der im ersten Stücke angeführten Stelle
des Rathsprotokolls vom 26. Sept. 1539,
wornach er Bücher und Briefe im Laden
feil hatte, unter denen wohl auch welche
von seinen eignen Verlagsartikeln gewesen.
Daß darunter auch die nach Dolp im Jahr

(17) 1539 zum erstenmal erschienene und 1567 zum zweytenmal aufgelegte: Historie des Leidens unseres Herrn Jesu Christi nach den vier Evangelisten samt der Juden Osterlamm beede mit kurzer tröstlicher Auslegung gehöre, und 1539 in Nördlingen erschienen sey, getraue ich mir mit Schöpperlin nicht zu behaupten; von der zweyten Ausgabe aber bin ich durch sichere Angaben überzeugt, daß solche vermehrt und gebessert 1567 12½ Bogen stark in Octav mit Figuren und Holzschnitten durch Valentin Geißlern in Nürnberg aufgelegt worden. Das erste Produkt, das ich aus sichern Angaben und dem eigenen Anblick aus der Scharpfischen Druckerey kenne, ist die äuserst seltne Zuchtordnung hiesiger Stadt, in Patentform auf zwey zusammengeleimten Bogen, vom Jahr 1542. Sie führt den Titel: Der Stat Nördlin

17) Siehe Dolp a. a. O. Seite 62 in der Note.

lingen Newe Gesacz vnd zuchtordnung. Darunter steht Oeffentlich ver-
rüfft, Publicirt vnd eröffnet vff 14 Fe-
bruary Año 1542. Hievon machte Scharpf
noch einen Abdruck auf 2 Bogen in 4. Das
Titelblatt ist mit einem Portal geziert, wor-
unter der Stadtadler steht, oben drüber
steht: Der Stat Nordlingen Ernewte
Gesätz und zuchtordnung 1. 5. 4. 2.
Da in der Stadtkammerrechnung 1541 auf
1542 bloß folgende Rubrik: „Franz
Scharpf für 100 gedruckte Ordnung eines
Erbern Rats verbots uf regal 5 fl. 2 Ort.“
vorkommt: so scheint die Quartausgabe für
den Handel abgedruckt zu seyn, daher sie
auch so rar ist, daß ich nichts als den ersten
Bogen davon im Archive gesehen. Wenn
man beyde Abdrücke vergleicht, so sieht man,
daß die Scharpfen von Augsburg weiter
nichts, als diejenige Sorte von gegossenen
Lettern gekauft, die man heut zu Tage kleine
Kanon Fraktur nennt. Die grobe Cicero

Schwa-

Schwabacher, womit die Titel und die
Rubriken der verschiedenen Verordnungen
gedruckt sind, erkennt man gleich bey dem
ersten Anblicke für in Holz geschnittene Buchstaben, die sich in der Presse verschoben,
und zackichte Zeilen verursacht haben. Diese
haben die Scharpfen entweder selbst geschnitten oder sich hier schneiden lassen. Wirklich
findet man daher unter dem letzten Februar
1542 im Rathsprotokoll: Die Rechner sollten sich mit den Scharpfen vertragen wegen
dem Mandat, und ihnen das Geld dafür
auszahlen, damit sie sich auf eine neue
Schrift gefaßt machen könnten, zu welchem
Ende auch die Schuld der 15 fl. noch länger
stehen bleiben sollte. Die nach dieser obrig-
keitlichen Unterstützung vermehrte Druckerey
wurde nunmehr von Asmus Scharpf dem
Sohn, auf eigne Rechnung fortgeführt,
da der Vater, Franz Scharpf, zwischen
1542 und 1543 gestorben. Die erste unter
Erasmus Namen mir bekannt gewordene

Schrift

Schrift ist der, nach Dolp in der Note der 62. Seite, 1542 gedruckte Katechismus, von Kaspar Kannz. Hierauf folgte, nach Schnizer (18) die in dem Leben des ersten hiesigen Superintendenten M. Caspar

D 5 Lö:

18) Der verdiente Herr Superintendent G. M. Schnizer, zu Neustadt an der Aisch, hat seit 1783. angefangen, Anzeigen der Kirchenbibliothek zu Neustadt an der Aisch in mehrern Stücken herauszugeben, darinnen nicht nur der Bibliograph, sondern auch der Geschichtsfreund recht viel Belehrendes findet. Das Leben unseres ersten Superintendenten, M. Kaspar Löners, hat er in der zweyten und dritten Anzeige mit einer solchen Genauigkeit und Vollständigkeit beschrieben, als es vorher Niemanden gelungen. Daß er mir nicht nur diese Anzeigen zugeschickt, sondern auch mit Beyträgen zur Schulgeschichte mich unterstützt habe, rühme ich hiemit, meiner Pflicht gemäß, öffentlich an. In dem dritten Stücke nun dieser Anzeigen findet man Seite 21 die Lönerischen Schriften,

Löners in dem Schriftenverzeichnisse angegebene Erneurte Kirchenordnung zu
Nördlingen vom Jahr 1544. Ich habe
zwar solche weder selbst gesehen, noch irgends-
wo als gedruckt angeführt gefunden, allein
unter dem 4. Jul. 1544, wo die bereits
im October 1541 nach der Nürnbergischen
zu entwerfende Kirchenordnung, (die den
24. Nov. desselben Jahrs von der Geistlich-
keit einem Ausschuß zur Revision übergeben,
den 23. Febr. 1543 einzuführen anbefohlen,
nachmals aber dem den 14. Nov. 1543
hieher berufenen M. C. Loner nochmals zur
Revision zugestellt ward,) endlich unter besagtem Dato ratificirt wurde, finde ich im
Rathsprotokoll: „Die Kirchenordnung über-
„gab der Pfarrer meinen Herrn zu besichti-
„gen und in Druck zu geben. Ein that ent-
„schloß sich aber der pfarrer möcht seine Ord-
„nung selbs drucken zu lassen übergeben.“
Die-

in so weit sie dem Herrn Superintendenten bekannt waren, angeführt.

Dieſer Angabe nach möchte die Kirchenord‑
nung von 1544 wirklich gedruckt ſeyn, aber
ſie kam als Privatimpreſſum nicht zu den
Alten. Im folgenden 1545. Jahr erſchien
bey Scharpf: Das Geſang Büchlein der
Chriſtlichen Kirchen zu Nördlingen.
Gaſpar Löner Pſ. LXVIII. Jr König‑
reiche auff Erden ſinget Gott, lobſin‑
get dem Herrn. Gedruckt zu Nörd‑
lingen bey Eraſmo Scharpf im 1545.
Jahr (19) 5 Bogen in 8. Nach einer
mir von Sr. des Herrn Superintendenten
Freyh. von Tröltſch Hochwürden gü‑
tigſt mitgetheilten Nachricht meldet Löner
in der Vorrede, daß dieß Geſangbuch eben
daſ‑

19) Dieſen vollſtändigen Titel findet man
bey Schöpperlin in ſeinem Programme,
worinnen er ſchätzbare Beyträge zur Nörd‑
lingiſchen Reformationshiſtorie geliefert,
unter dem Titel: Proluſio Scholaſtica, qua
Iac. Steudlini vita deſcribitur. Nord‑
lingae 4. 1768. und daſelbſt p. 24.

dasjenige sey, so die Wittenbergische Kirche
gestellt, durchaus gut und rein und meisterlich
gemacht. Da nun, nach den sogenannten un=
schuldigen Nachrichten, oder der fortgesetzten
Sammlung von alten und neuen theologischen
Sachen auf das Jahr 1723, Löner bereits
1529 in Hof mit dem dortigen Rektor D. N.
Medler Luther Gesangbüchlein vermehrt, und
solches 1538 in Wittenberg auf Luthers Gut=
achten drucken lassen: so ist die hiesige Ausgabe
von 1545 vermuthlich eine abermals vermehrte
und verbesserte Auflage. Ob darinnen der
zwischen dem zweyten und dritten eingeschobene
und von Löner verfertigte Vers, in Luthers
Wir glauben alle an einen Gott, sich befinde,
weiß ich nicht, da ich keine der von Löner ver=
anstalteten Ausgaben je zu Gesichte bekommen.

So wie Löner eine neue Auflage seines Ge=
sangbuchs veranstaltete, so mag er auch seinen
Catechismus haben neu auflegen lassen. Zum
erstenmal wurde solcher 1529. in 8. auf 11 ein
halbes Blatt in Nürnberg bey Friedrich Peypus
gedruckt, wovon man nach einer vermehrten
Handschrift in den 1743. Jahrgang der Un=
schul

schuldigen Nachrichten p. 344 ff. einen neuen
Abdruck veranstaltete, von dem, nach einer
genauen Vergleichung, die ohne Zweifel in
Nördlingen veranstaltete Ausgabe ganz verschieden ist, da sie in der Hauptsache einen Kom-
mentar über Luthers kleinen Katechismum,
oder vielmehr einen erweiterten Luther enthält.
Nach Schöpperlin ist der Tittel: Der klaine
Catechismus Das ist: ain kurzer Unnder-
richt der Christlichen Jugent, in den Haupt-
stücken der christlichen Religion, in Ge-
sprächs vnd Gesangs Weyse, mit schönen
Exempeln des Alten vnd Newen Testa-
ments. Caspar Loners. 6 Bogen in 8.
Hievon habe ich einen jüngern Abdruck vor
mir, der mit etwas veränderter Orthographie
den nemlichen Titel, und unten die Stelle aus
Matth. Marc. und Lucas: Lasset die Kindlein
zu mir kommen, und aus Paulus an die Ephe-
ser im 6. Kap die Worte hat: Ihr Väter
reizet ewere Kinder u. s. w. Uebrigens hat
diese Ausgabe nur fünf Bogen, von denen die
zwey letzten Blätter unbedruckt sind. Ob die
nach Schöpperlin angeführte Ausgabe hier gedruckt worden, kann ich nicht behaupten, da
weder Jahr noch Drucker angegeben ist. Ge-
wisser ist nach Dolps Annotaten Folgendes ein
Produkt der Scharpfischen Presse. Das evan-
gelische Gesangbüchlein: das ist die Son-
tags Evangelien zu sprechen und zu sin-
gen gemacht durch M. A. Gedruckt zu
Nördlingen bey Erasmo Scharpf. 7 Bogen.

gen, in 8. ohne Anzeige des Jahrs. Wenn
dieser M. A. nicht Wolfgang Ampffer ist, der
1543 als Konrektor aus Sachsen hieher kam,
und von 1545 bis 1597 Pfarrer in Goldburgs
hausen gewesen, so weiß ich unter den hießis
gen Theologen jener Zeit keinen, der unter
dem M. A. verborgen seyn könnte. Eben so
wenig weiß ich, ob das im Rathsprotokoll
1545 angeführte Zuchtbuch je hier gedruckt
worden. Unter dem 2. September 1545 finde
ich unter dem Rubro Zuchtbuch: „soll dem
„Stadtschreiber zu besichtigen bevoln vnd nach=
„malen wieder anzubringen seyn ob es dem
„Trucker vergönnt werden soll.‟ Da Joh.
Agricolas Katechismus, 1528 zu Nürnberg,
den Titel führt: Eyn Christliche Kinder=
zucht, in Gottes Wort und Lere, und
selbst Löners erste Ausgabe seines Katechismus
Unterricht des Glaubens, oder Christliche
Kinderzucht genannt wird: so möchte wohl
gar die neue Auflage des Lonerischen Katechis=
mus darunter zu verstehen seyn. Daß der
Stadtschreiber hier den Censor einer theologi=
schen Schrift machte, thut zur Sache nichts,
da die Censurgeschäfte erst spät zwischen dem
zeitigen Herrn Rathskonsulenten und Stadt=
pfarrer getheilt wurden, in den ältesten Zeiten
aber Bürgermeistern und Rath vorbehalten
waren. Denn so findet man im Rathsproto=
koll unterm 15. May 1542: „Trucker soll hin=
„für nichts trucken dann mit Wissen eines
„Burgermeisters oder Raths. Geschehen auff
„am

„anhalten der Pfaffen," die vielleicht mit Kannzens Catechismus nicht zufrieden, oder darüber neidisch waren. Sein Meisterstück als Formschneider und Buchdrucker lieferte Erasmus Scharpf 1549, wo er Der Statt Nordling Ernewte Gesatz vnnd Zuchtordnung lieferte, nach der Unterschrift: Ernewt, vnd mit ains Erbarn Rhats Decret publiciert den 30 Martii Año 1549. Er druckte solche mit seinen vermehrten Lettern auf zwey zusammenzuleimenden Regalbögen in Patentform ab, und schmückte das Ganze mit einer nicht gar übeln architektonischen Einfassung aus. Im Ganzen wurden davon 150 Stücke, und darunter einige auf Pergament, abgedruckt, von denen die Einfassung eines vor mir liegenden Exemplars nach Kartenmanier mit Farben ausgestrichen ist. Er erhielt für das Stück 3 Kreuzer, und nach der Stadtkammerrechnung zusammen für alle Stücke 7 fl. 20 kr. Die ehemals in Holz geschnittene grobe Cicero Schwabacher ist hier mit Tertie Fraktur vertauscht, und erstere Schrift nur mehr im Titel zu sehen. Von 1549 an, wo Franz Scharpf nach einem oben angeführten Ratsextrakt zugleich den Kartenmacher machte, ist von seiner Druckerey nicht viel mehr zu hören. Vielmehr scheint es, er habe von 1550 an sein Brod auswärts bey einem Kartenmacher oder Buchdrucker als Geselle zu verdienen gesucht, da gewöhnlich sein Weib für ihn steuert, und 1554 der oben angeführte Kartenmacher Stof-

fel

fel Schwalmüller nach der Stadtkammerrech=
nung 50 Wappen der Stadt Nördlingen zu
drucken bekam, davon er 25 mit Farben aus=
strich; wofür er 6 Pf. fürs Drucken aber 26 Pf.
erhielt. Erst 1562 bekam Eraßmus Scharpf
wieder etliche Adler zu drucken und mit Far=
ben auszustreichen, und zwar 50 große, 70
mittlere und 50 kleine. Nach dieser Zeit scheint
er wieder auswärts sein Brod gesucht zu ha=
ben. Endlich aber nöthigte ihn das Alter,
hier zu bleiben, und weil er mit seinen bisher
getriebenen Künsten nicht viel verdienen konnte,
so machte er von 1570 an nach den Steuer=
büchern den Taglöhner. Er scheint um 1575
gestorben zu seyn, und mit ihm erstarb auch
die durch ihn nach Nördlingen gebrachte Buch=
druckerkunst, die erst in der Mitte des drey=
ßigjährigen Krieges wieder aufgeweckt wurde.